Los mayores misterios de la historia: la esfinge

Por Charles River Editors

Traducido por Areaní Moros

publicados en Kindle.

Las pirámides egipcias y la gran Esfinge de Guiza: La historia y misterios detrás de los famosos monumentos del Antiguo Egipto

Sobre Charles River Editors

Introducción

Las pirámides egipcias

Capítulo 1: La pirámide escalonada de Zoser (2686–2613 a. e. c.)

Capítulo 2: La "pirámide enterrada" y la "pirámide estratificada" (2686-2613 a.e.c.)

Capítulo 3: La pirámide de Meidum, la pirámide acodada y la pirámide roja (2612–2589 a. e. c.)

Capítulo 4: La gran pirámide de Guiza (2589–2566 a. e.c.)

Capítulo 5: La pirámide de Dyedefra y la pirámide de Kefrén (2566–2532 a. e. c.)

Capítulo 6: La pirámide de Micerino (2532–2504 a. e. c.)

Capítulo 7: Las pirámides del complejo funerario de Userkaf (2494-2345 a. e. c.)

Capítulo 8: La pirámide "en que se alza el Ba" de Sahura (2487–2477 a. e. c)

Capítulo 9: "El Ba de Neferirkara", "Hermoso es Dyedkara-Isesi" y "Perfectos son los lugares de Unis" (2477-2345 B.C.)

Capítulo 10: Las pirámides finales (2345-1292 a. e. c.)

Bibliografía

La gran Esfinge de Guiza

Capítulo 1: El enigma de la Esfinge

Capítulo 2: Construcción y reconstrucción

Capítulo 3: A través de los tiempos

Capítulo 4: Napoleón y la ciencia de la egiptología

Capítulo 5: La Esfinge y la cultura popular

Bibliografía

Introducción

La Esfinge, con la pirámide de Kefrén en el fondo

"Es la antigüedad de la Esfinge lo que nos emociona al contemplarla, porque en sí misma no tiene ningún encanto. Las olas del desierto se han levantado hasta su pecho, como para envolver al monstruo en una espiral de oro. La cara y la cabeza han sido mutiladas por fanáticos musulmanes. La boca, cuya belleza una vez fue admirada, ahora es inexpresiva. Sin embargo, grandiosa en su soledad, velada por el misterio de edades sin nombre, la reliquia de la antigüedad egipcia permanece solemne y silenciosa en presencia del terrible desierto, símbolo de la eternidad. Aquí disputa con el Tiempo el imperio del pasado; eternamente mirando hacia un futuro que será aún lejano cuando nosotros, como todos los que nos han precedido y mirado a su rostro, hayamos vivido nuestras pequeñas vidas y desaparecido ". - John Lawson Stoddard, 1898

Una de las estatuas más antiguas y famosas del mundo, la Gran Esfinge de Giza ha fascinado a la gente durante miles de años. Si bien la esfinge era una criatura mitológica bien conocida entre varias civilizaciones antiguas, la estatua egipcia que ahora se asocia de manera más famosa con la criatura está llena de misterios que se han debatido sin cesar a lo largo de los siglos y continúan siendo muy controvertidos entre los estudiosos.

El famoso "Enigma de la Esfinge", contado por Sófocles en su obra de teatro Edipo Rey en el siglo V a. C., caracterizó a la esfinge como una criatura inteligente y poderosa, e incluso hoy los niños pequeños aprenden sobre la historia. Pero los misterios de la estatua egipcia se discutieron incluso entre los antiguos romanos; Plinio el Viejo, el famoso autor y filósofo romano asesinado en Pompeya durante la erupción del Vesubio en el 79 d.C., escribió en sus Historias naturales que los egipcios contemporáneos consideraban a la Esfinge como una "divinidad" y "que el rey Harmais estaba enterrado en ella".

Casi 2.000 años después, la gente todavía se pregunta sobre los orígenes de la estatua, pero la mayoría cree que fue construida a mediados del tercer milenio antes de Cristo. Como ya sabrá cualquiera que haya visto la estatua, ha sufrido daños por climatización, e incluso las fuentes del daño se han debatido y se han convertido en leyenda, como lo demuestra la historia de los soldados franceses de Napoleón disparando contra la nariz de la Esfinge. Junto con eso, hay misterios sobre la historia arqueológica de la estatua, incluso si los antiguos egipcios intentaron excavar la Esfinge y limpiar las arenas que comenzaban a taparla.

Capítulo 1: El enigma de la Esfinge

Foto de la Esfinge en 1858

"Es la antigüedad de la Esfinge la que nos emociona cuando la vemos, pues en sí misma no tiene encantos. Las olas del desierto se han elevado hasta su pecho, como para envolver al monstruo en una mortaja de oro. La cara y la cabeza han sido mutiladas por fanáticos musulmanes. Su boca, la belleza de cuyos labios fue alguna vez admirada, carece ahora de expresión. Y sin embargo, grandiosa en su soledad, velada en el misterio de épocas innominadas, la reliquia de la Antigüedad egipcia permanece solemne y silenciosa en presencia del terrible desierto, símbolo de la eternidad. Aquí se disputa con el Tiempo el imperio del pasado; por siempre mirando adelante y hacia un futuro que aún estará distante cuando nosotros, como todos los que nos han precedido y contemplado su rostro, hayamos vivido nuestras pequeñas vidas y desaparecido". – John Lawson Stoddard, 1898

Una de las más famosas y antiguas estatuas del mundo, la gran Esfinge de Guiza ha fascinado a las personas durante miles de años. Si bien la esfinge era una criatura mitológica bien conocida entre diversas civilizaciones antiguas, la estatua egipcia que ahora es más famosamente asociada con la criatura está llena de misterios que han sido debatidos incesantemente a lo largo de los siglos y continúan siendo muy controvertidos entre los eruditos.

El famoso "Enigma de la esfinge", relatado por Sófocles en su obra Edipo Rey, en el siglo V a. e. c., caracterizó a la esfinge como una criatura inteligente y poderosa, e incluso hoy los niños pequeños aprenden sobre su historia. Pero los misterios de la estatua egipcia fueron discutidos incluso entre los antiguos romanos; Plinio el Viejo, el famoso autor y filósofo romano que murió en Pompeya durante la erupción del Vesubio en el 79 a. e. c., escribió en sus *Historias Naturales* que los egipcios de la época consideraban a la Esfinge como una "divinidad" y "que el rey Harmais [Horemheb] fue enterrado en ella".

Casi 2.000 años más tarde, la gente todavía se pregunta sobre el origen de la estatua, pero la mayoría cree que fue construida aproximadamente a mediados del tercer milenio antes de la era común. Como cualquiera que haya visto la estatua ahora lo sabe, ha sufrido daños por la intemperie, e incluso las fuentes del daño se han debatido y convertido en leyendas, como lo evidencia la historia de que los soldados franceses de Napoleón le volaron a cañonazos la nariz a la Esfinge. En conjunción con eso, hay misterios acerca de la historia arqueológica de la estatua, incluso si los mismos egipcios antiguos intentaron excavar la Esfinge y despejar la arena que estaba comenzando a cubrirla.

La gran Esfinge de Guiza continúa siendo una fuente infinita de fascinación y misterio, pero todos pueden estar de acuerdo en que es una estructura maravillosa e interesante. Este libro cubre exhaustivamente los hechos, misterios y teorías que rodean a la antigua estatua y a la criatura mitológica en cuya imagen fue modelada. En conjunto con fotografías y una bibliografía, aprenderá sobre la Esfinge como nunca antes, y en nada de tiempo.

La mitología de la criatura conocida como la Esfinge es tan bien conocida hoy como lo fue en el mundo antiguo. Una extraña criatura con el cuerpo de un león y la cabeza de un ser humano, figura prominentemente en la historia de Edipo en la mitología griega, como fue representada por Sófocles en el la obra Edipo Rey, del año 429 a .e. c. La versión más común de la historia cuenta cómo Hera, esposa de Zeus y principal figura matriarcal del panteón griego, ordenó a la Esfinge que abandonara su tierra natal en Etiopía y viajara a Tebas, en Grecia.

La Esfinge en la tradición griega era una criatura femenina, su rostro humano mirando desde lo alto del cuerpo de un león, adornada con las alas de una gran ave, que se desdoblaban y desplegaban sobre su espalda leonina. Una vez que se instaló junto a la carretera fuera de las puertas de Tebas, era la tarea de la Esfinge desafiar a los viajeros preguntándoles acertijos. A quienes podían responder correctamente se les permitía pasar a la ciudad, mientras que los que no pasaban la prueba eran condenados a muerte, devorados en las fauces de la gran bestia mitológica.

Durante un tiempo pareció que nadie podría superar a la criatura, sus acertijos no se podían resolver, y la puerta de entrada a Tebas permanecía impasable para los viajeros, pero todo eso cambió cuando llegó el héroe griego Edipo. Avanzó por el camino, un hombre magistral de rostro poderoso, sus pasos seguros mientras avanzaba decididamente hacia su destino. Podía ver las puertas de Tebas adelante, su destino al alcance, pero fue entonces cuando la enorme y terrible criatura que descansaba junto al camino se alzó a su lado. La Esfinge dejó en claro su desafío, pero Edipo, resuelto, no se dejó amedrentar. Desafiante, se mantuvo firme, esperando sus preguntas, listo para responder[1]. La Esfinge esbozó una malévola sonrisa mientras decía en voz resonante su primer acertijo:

"Existe sobre la tierra un ser bípedo y cuadrúpedo, que tiene solo una voz, y es también trípode. Es el único que cambia su aspecto de cuantos seres se mueven por tierra, aire o mar. Pero, cuando anda apoyado en más pies, entonces la movilidad de sus miembros es mucho más débil".[2]

"Es el hombre" —respondió Edipo con confianza—, en la infancia se arrastra, en la madurez está erguido, y en la vejez camina débilmente con un bastón".[3]

Sin desanimarse, la Esfinge continuó con su segundo acertijo: "Hay dos hermanas: una engendra a la otra y ella, a su vez, engendra a la primera. ¿Quiénes son las dos hermanas?".

---

[1] Sófocles. 1991. *Oedipus Rex* [Edipo Rey]. Dover Thrift Editions, Dover Publications, EE. UU.

[2] Otra versión simplificada del acertijo sería: "¿Cuál es la criatura que en la mañana camina en cuatro patas, al mediodía en dos y en la noche en tres?".

[3] Ateneo. 1930. *The Deipnosophistae of Athenaeus* [El banquete de los eruditos]. Loeb Classical Library edition, Harvard University Press, EE. UU. p 569.

Edipo respondió: "Son la noche y el día". Había respondido correctamente ambas veces, algo que nadie había conseguido antes. Frustrada y vencida, la Esfinge se enfureció, desgarró su propio cuerpo y se devoró a sí misma hasta que no quedó nada de ella. En otras versiones del cuento, ella escaló a un lugar alto y se arrojó al vacío, rompiéndose su cuerpo en pedazos al caer sobre las filosas rocas debajo[4]. Las viejas costumbres de la Esfinge habían sido destruidas, y el camino a Tebas estaba despejado una vez más, libre para los nuevos dioses olímpicos, como representados en esta historia por el héroe, Edipo.

La historia del acertijo o enigma de la Esfinge, es sobre lo viejo siendo reemplazado por lo nuevo, y por más que sea parte de la mitología griega, queda muy claro que la Esfinge no forma parte del panteón de los dioses. Es, en cambio, algo más antiguo y más extraño, una reliquia final de una tierra antigua y distante. La etimología de la palabra "esfinge" lleva también la historia de la intención griega. Se trata de un vocablo griego derivado del verbo que significa "exprimir/apretar", o es una corrupción griega del nombre egipcio *shesepankh*, que significa "imagen viva".

De cualquier manera, el origen de la criatura mitológica apunta a Egipto, pues la palabra se refiere a la imagen de

---

[4] Science Dump. 2012. *The Riddle of the Sphinx* [El acertijo de la Esfinge]. Consultado el 28 de junio de 2013. http://www.sciencedump.com/content/riddle-sphinx

una estatua allí, tallada de un solo bloque de piedra, una imagen exprimida de la roca viva. Al menos esa es la interpretación presentada por la historiadora Susan Bauer[5], quien señala que el origen del mito fue la monumental estatua que sigue siendo hasta el día de hoy una de las imágenes por excelencia del mundo antiguo: la gran Esfinge de Guiza.

Naturalmente, los egipcios que tallaron la estatua no habrían usado la palaba "esfinge" para describirla, pues la mitología de Egipto era muy diferente de la que se desarrollaría en torno a la cambiante iconografía de culturas y épocas posteriores. Para los egipcios que la tallaron, la gran Esfinge de Guiza era parte de una tradición de centinelas protectores, tallados para vigilar las tumbas de los muertos. Las estatuas guardianas por lo general eran asociadas con el dios del sol, Re, y a menudo tenían tallada en ellas la imagen del faraón actual. Es por esa razón que la mayoría de los académicos han asumido durante mucho tiempo que el rostro de la Esfinge representaba al gobernante que ordenó su construcción.

Como tal, hay ejemplos de esfinges masculinas y femeninas producidas en el Antiguo Egipto. La reina-faraón Hatshepsut hizo que se tallara su imagen en numerosos cuerpos de esfinges, y sus estatuas de granito y

---

[5] Bauer, S. Wise. 2007. *The History of the Ancient World* [La historia del mundo antiguo]. W. W. Norton & Company Inc, Nueva York. pp 110–112.

alabastro se encuentran actualmente en las colecciones permanentes de museos desde Nueva York hasta Menfis. En Tebas se tallaron cerca de 900 esfinges con cabezas de carnero, para honrar al dios Amón. Las estatuas de esfinges llegaron a figurar en escaleras en complejos, a lo largo de avenidas que llevaban a los templos, y afuera de las tumbas.[6]

---

[6] Bodsworth, Jon. 2011. *Egypt Archive* [Archivo egipcio]. http://www.egyptarchive.co.uk

Una pequeña esfinge de Hatshepsut

La versión más temprana de la criatura que llegaría a ser conocida como la Esfinge se atribuye a la reina Hetepheres II, y data aproximadamente de la cuarta dinastía de Egipto. Esta estatua, que actualmente se encuentra en la colección permanente del Museo de El Cairo, en Egipto, estaba compuesta de piedra caliza pintada y fue hallada en el sitio de la pirámide del faraón Radedef, también llamado Dyedefra (2566-2557 a. e. c), en Abu Rawash. La apariencia física se basó en Hetepheres II, quien era a la vez media hermana y esposa del faraón Dyedefra, considerado el sucesor del faraón Jufu (Keops) y predecesor de Kefrén (su hermano menor)[7].

Se desconoce cuál fue el origen de este diseño, de un león con cabeza humana, pero sería un motivo recurrente que proliferó fuera de Egipto y se extendió a través de muchas otras culturas alrededor del mundo. Incluso había una esfinge alada ubicada en el friso de un muro en el palacio en Susa de Darío el Grande, gobernante del Imperio persa. Esa versión, que data del año 480 a. e. c. aproximadamente, representaba un cuerpo de león, rostro de hombre barbado, y alas.

____

[7] Bodsworth, Jon. 2011. *Egypt Archive* [Archivo egipcio]. http://www.egyptarchive.co.uk

Los académicos creen que esta es una estatua de la Esfinge de Hetepheres II que se remonta a la cuarta dinastía (c. 2723-2563 a. e. c.)

**Antiguo mural tallado persa del palacio de Darío el Grande,
que representa una esfinge alada**

Estatua de mármol de una esfinge de la antigua Grecia, siglo VI a. e. c.

Una esfinge de la India que hace guardia a la entrada del templo de Shri Shiva Nataraja

Capítulo 2: Construcción y reconstrucción

La Esfinge sigue siendo un motivo recurrente en las imágenes del pasado, y es utilizada regularmente hasta el día de hoy. Su réplica en sellos, monedas y otros tipos de documentación nacionalista para Egipto, sin embargo, tiene más que ver con una Esfinge en particular: la estatua monumental ubicada cerca de El Cairo que se erige como una conmovedora ilustración del mundo antiguo. De las esfinges en todo Egipto, la más famosa de todas fue y es la gran Esfinge de Guiza, una imponente escultura que se ha convertido en una parte reconocida del paisaje del pasado y el presente de Egipto, posicionada como está frente a la línea de pirámides que se extienden hacia el desierto. Esta Esfinge, a diferencia de la versión mitológica griega, tiene la cara de un hombre en lugar de una mujer. Sin embargo, para rastrear las razones de esto, no se debe buscar en las historias de la mitología griega, sino en la historia y arqueología del Antiguo Egipto.

La icónica gran Esfinge de Guiza se encuentra en la meseta de Guiza, en la orilla occidental del Nilo, cerca de El Cairo. Está ubicada al lado de la gran pirámide de Guiza, más abajo de las pirámides, mirando hacia el este. La fecha de su construcción sigue siendo tema de debate en la egiptología contemporánea, pero el periodo más aceptado es durante el reinado del faraón Kefrén, cuyo rostro se razona que fue utilizado como la base para los rasgos físicos del rostro de la Esfinge. Si bien esto es aún debatido, la evidencia que lo justifica incluye la ubicación de la tumba del propio Kefrén, cerca de la gran Esfinge, y que las reconstrucciones digitales de la cara del monumento se alinean con otras imágenes de Kefrén encontradas en el registro arqueológico.[8]

Como era apropiado para una cultura cuyo enfoque religioso se centraba en el más allá, las costumbres funerarias se expandieron en complejidad y ceremonia, al tiempo que las casas para los muertos se convirtieron en características monumentales del paisaje, sirviendo como verdaderas mansiones para los amados difuntos. Las más grandiosas de estas estructuras serían para los más ricos y poderosos: los propios gobernantes de Egipto. La gran pirámide de Guiza es quizás el mejor conocido de todos estos monumentos, una montaña de piedra construida sobre la orilla occidental del Nilo para albergar los restos mortales del faraón Jufu (Keops).

Se estima que dicha estructura, una de las siete

---

[8] Papanek, John (editor). 1992. *Egypt: Land of the Pharaohs* [Egipto: tierra de los faraones]. Time Life Books, EE. UU. pp 66-67.

maravillas del mundo antiguo, fue comisionada por el faraón alrededor del año 2575 a. e. c., a comienzos de su reinado de veintitrés años. La obra fue tan grande que absorbió buena parte del periodo de Jufu como faraón para completarse. Con aproximadamente 2.300.000 bloques de piedra de unos 2.500 kg, cada uno dispuesto en un diseño geométricamente preciso, es una impresionante pieza de arquitectura monumental y un logro de construcción técnica excepcional. Es importante señalar, sin embargo, que el aspecto actual de la pirámide no es como lucía al completarse en la época del reinado de Jufu. En ese tiempo se utilizaron bloques de caliza para formar sus bordes exteriores, lo que significa que habría resplandecido brillantemente en la luz del sol, un recordatorio deslumbrante del gran faraón tras su reciente enterramiento.[9]

El siguiente faraón fue el hijo de Jufu, Kefrén (también escrito Jafra, o Jefrén), quien siguió el ejemplo de su padre y construyó una pirámide para sus propios restos mortales. Kefrén también creó algo único en ese paisaje de Egipto, que ningún otro faraón había hecho antes o haría después. Se cree que durante la construcción de la gran pirámide de Guiza se habrían utilizado todos los afloramientos rocosos locales como fuentes de materia prima para la fabricación. Cerca de la gran pirámide y de

---

[9] Time Life Books. 1987. *The Age of God-Kings* [La era de los reyes dioses]. Time Life Books Inc, EE. UU.

la ubicación del lugar de descanso escogido por el propio Kefrén quedaba un afloramiento, sobrante del trabajo de los canteros que activamente recorrían el paisaje para crear materiales de construcción adecuados para las obras monumentales ordenadas por el faraón.

Sin embargo, en lugar de hacer que se utilizara para extraer más bloques, Kefrén tenía otra idea por completo. Ordenó que el afloramiento rocoso fuera remodelado en la encarnación de una criatura mítica. En los años siguientes, seguiría desarrollándose en el Antiguo Egipto la tradición de dedicar guardianes míticos esculpidos para lugares sagrados. Estos guardianes serían visualizados como criaturas con rostros humanos y cuerpos de león. Tales bestias mitológicas se realizarían en diferentes formas y tamaños en todo Egipto en asociación con tumbas, pero ninguna sería tan vasta o grandiosa como la esculpida del afloramiento en Guiza por orden del faraón Kefrén.

Con una altura aproximada de 20 metros y 73 m de largo, desde las zarpas extendidas hasta las patas traseras dobladas, el rostro de esta bestia fue probablemente fue hecho a semejanza del faraón mismo. El egiptólogo estadounidense Mark Lehner plantearía más adelante la hipótesis de que la intención podría haber sido presentar una imagen del faraón Kefrén transformado en el dios Horus, presentando ofrendas al dios del sol Re[10]. La

---

[10] Lehner, Mark. 1985. *The Pyramid Tomb of Hetep-heres and the Satellite Pyramid of Khufu* [La tumba

Esfinge también tenía inscripciones que hacían referencia al dios-león egipcio Maahes, quien los egipcios creían que protegía los lugares sagrados y la entrada del inframundo, y a su madre, la diosa solar Sekhmet, representada como una leona, quien protegía a los faraones y los guiaba a la guerra y al más allá.

Lehner ha llegado incluso a señalar la alineación astronómica de la Esfinge y de la pirámide de Kefrén durante los equinoccios, explicando: "Justo en el mismo momento, la sombra de la Esfinge y la sombra de la pirámide, ambos símbolos del rey, se convierten en siluetas fusionadas. La Esfinge misma, parece, simboliza al faraón presentando ofrendas al dios solar en el patio del templo". Dicho esto, como advierte el egiptólogo James Allen, "Los egipcios no escribieron historia, por lo que no tenemos evidencia sólida de lo que sus constructores pensaban que era la Esfinge (…) Ciertamente algo divino, presumiblemente la imagen de un rey, pero más allá de eso, nade lo sabe".

Se ha estimado que el monumento fue esculpido aproximadamente en el año 2500 a. e. c., y hasta el día de hoy la gran bestia de piedra protege la necrópolis de Guiza desde su lado oriental, con más pirámides y monumentos que se han agregado al paisaje, incluidas las de Kefrén y sus esposas[11]. El faraón Kefrén no sucedió

---

piramidal de Hetep-heres y la pirámide satélite de Keops]. Mainz am Rhein, Alemania.

inmediatamente a su padre, Jufu, sino que comenzó su propio reinado tras el breve gobierno del faraón Dyedefra (o Radefef), quien es generalmente interpretado como el hermano mayor de Kefrén.

El faraón Kefrén fue el cuarto faraón de la cuarta dinastía, y reinó entre el 2575 y el 2465 a. e. c. Tuvo al menos cuatro esposas, según las fuentes escritas disponibles de su era, incluidas la reina Meresanj III y su propia hermana, Jamerernebty. También tuvo numerosos hijos, al menos doce hijos y catorce hijas, con nombres conocidos que incluyen a Nebemajet, Duaenra, Niuserra, Jentetenka, Menkaura (Micerino), Sejemkara, Nikaure, Anjmara, Akhre, Iunmin, Iunre, Shepsetkau, Rekhetre y Hemetre, extraídos de inscripciones de tumbas y muros del templo.[12]

No se sabe mucho sobre Kefrén y su reinado, pero su propia pirámide demuestra su influencia y poder, ya que es casi tan grande como la gran pirámide de Guiza, atribuida a su padre el faraón Keops (Jufu). Otras estructuras que se sabe fueron construidas durante el reinado de Kefrén incluyen un Templo del Valle conectado a su pirámide mediante una calzada. Dicha calzada se construyó de grandes bloques de granito,

---

[11] Zivie-Coche, Christiane. 2002. *Sphinx: History of a Monument* [La Esfinge: historia de un monumento]. Cornell University Press. pp 99–100.
[12] Dodson, Aidan & Hilton, Dyan. 2004. *The Complete Royal Families of Ancient Egypt* [Las familias reales completas del antiguo Egipto]. Thames & Hudson.

decorada a lo largo de su extensión con estatuas talladas de diorita extraída en el desierto de Nubia[13]. En los escritos posteriores del historiador griego Heródoto, el faraón Kefrén fue descrito como herético, un gobernante cruel que obligó a los templos egipcios a permanecer cerrados luego de que su padre, el faraón Jufu, los sellara. No obstante, dado el abismo de tiempo entre el reinado del faraón Kefrén y los escritos de Heródoto, esas palabras deben considerarse como lo que son, una fuente secundaria transmitida de boca en boca y cargada de posibles errores e inconsistencias.[14]

---

[13] Enciclopedia Británica. 2013. *Khafre* [Jafra/Kefrén]. Consultado el 14 de julio de 2013. http://www.britannica.com/EBchecked/topic/316035/Khafre

[14] Heródoto (traducido por Grene, David).1988. *Heródoto – La Historia*. University Of Chicago Press, EE. UU.

**Estatua de diorita de Kefrén encontrada en el
Templo del Valle**

Una de las principales preguntas acerca de la Esfinge, es
quién la construyó. Por mucho tiempo se asumió que se
utilizaron trabajadores y/o esclavos, pero recientemente
los egiptólogos han descubierto los restos de un gran
asentamiento que probablemente se usó para albergar a

los trabajadores, y la evidencia de éste sugiere que las personas que trabajaron en la Esfinge no eran de la clase baja. Además de que los trabajadores estaban aparentemente bien alimentados, el asentamiento podía albergar hasta 1.500-2.000 personas a la vez. El egiptólogo Mark Lehner ha especulado que los egipcios comunes hacían turnos de trabajo de construcción, lo que significaría que diferentes personas entraban y salían del área para trabajar en la Esfinge. De ser así, este era un sistema similar al usado más de 4.000 años después por los incas para construir Machu Picchu.

El pasado era un paisaje vibrante, vivo, y a diferencia de la gran pirámide de Guiza, la Esfinge que presumiblemente ordenó esculpir Kefrén no siempre lució como lo hace ahora. Para el espectador moderno, la estética de Egipto, como es hoy, es familiar en nuestro mundo actual. Los bloques de arenisca en bruto y las estructuras desmoronadas en la arena son una imagen manchada de nostalgia, que evoca una ilusión poética del pasado antiguo. La realidad, sin embargo, es que el pasado fue un ambiente con una estética muy diferente de sus restos arqueológicos. Antes de perder la nariz en algún momento, el rostro de la Esfinge de Kefrén estuvo completo, no había marcas de desgaste por la intemperie, la estatua puede haber estado adornada por una barba, e incluso hay evidencia que sugiere que el monumento estuvo alguna vez pintado a todo color.

Fragmentos de caliza de la barba de la Esfinge

Se han hecho varios intentos de reconstruir cómo habría lucido la gran Esfinge de Guiza justo después de completada su construcción, pero con información disponible tan limitada, estos intentos son más conjeturas que ciencia. No obstante, las reconstrucciones son importantes para demostrar cuán diferente era realmente el paisaje y entorno del pasado. El egiptólogo estadounidense Mark Lehner es un profesional del patrimonio que ha utilizado la tecnología moderna para arrojar nueva luz sobre el pasado. Tras medir y trazar los planos de la Esfinge en físico, dibujarla desde múltiples ángulos y fotografiarla con una cámara estereoscópica, Lehner digitalizó un modelo tridimensional de ella con la ayuda del egiptólogo Ulrich Kapp, el arquitecto Thomas Jaggers y el Instituto Arqueológico Alemán en El Cairo.

Se superpuso una imagen de Kefrén para encajar y arreglar el rostro desgastado y dañado por el clima, los restos del pedestal entre las patas delanteras extendidas de la Esfinge se alteraron para soportar una estatua alta de Amenhotep II, y se añadió color en toda la superficie de la propia Esfinge[15]. La evidencia disponible sobre cómo puede haber estado coloreada la Esfinge es muy limitada, con restos de pigmento rojo en la cara, y algunos restos de pintura azul y amarilla en otros lugares[16]. Si bien tales reconstrucciones del pasado pueden basarse en una combinación de conjetura y razón, la cuestión del origen de los colores pintados puede al menos resolverse a través

---

[15] Lehner, Mark. 1985. *The Pyramid Tomb of Hetep-heres and the Satellite Pyramid of Khufu* [La tumba piramidal de Hetep-heres y la pirámide satélite de Keops]. Mainz am Rhein, Alemania; Papanek, John (editor). 1992. *Egypt: Land of the Pharaohs* [Egipto: tierra de los faraones]. Time Life Books, EE: UU. pp 66-67.

[16] Hadingham, Evan. 2010. Riddle of the Sphinx [El enigma de la Esfinge]. Cosmos Magazine. Consultado el 8 de julio de 2013. http://www.cosmosmagazine.com/features/riddle-sphinx/

de las inscripciones del pasado.

La "cirugía facial" de coloración de la Esfinge ocurrió unos once siglos después de su construcción inicial, alrededor del 1400 a. e. c. La historia de cómo y por qué ocurrió esto se registró en una estela de granito colocada entre las zarpas extendidas de la gran Esfinge de Guiza al completarse los trabajos de reconstrucción. La historia allí registrada habla del faraón Tutmosis IV, hijo de Amenhotep II, quien un día se sintió cansado sobre la meseta de Guiza y descansó allí, dormitando en el cálido sol de la tarde egipcia. Cuando cayó en un sueño profundo, vio en un sueño que la Esfinge cobraba vida ante él como un dios, con una combinación de aspectos del dios sol Re y del dios Horus.

"Serás rey —habló en el sueño la Esfinge, o la combinación de dioses "Horemakhet", como lo pensaba Tutmosis—. Tú, Tutmosis, serás rey, ¡pero solo si me liberas! Libérame de las movedizas arenas que cubren mi cuerpo en su vaivén, ¡entonces se te otorgará el poder!"[17]. Cuando despertó del sueño, Tutmosis IV se había tomado en serio las palabras y se dispuso a excavar los grandes montones de arena que en ese tiempo se habían asentado en torno al cuerpo de la Esfinge. Además de eso, revistió el monumento con bloques de piedra caliza y lo hizo

---

[17] Papanek, John (editor). 1992. *Egypt: Land of the Pharaohs* [Egipto: tierra de los faraones]. Time Life Books, EE: UU. pp 60-66.

pintar de color rojo, azul y amarillo. También erigió una estatua de su padre, Amenhotep II, entre las patas de la gran bestia de piedra y construyó un muro de cerco de adobe alrededor de la gran Esfinge, modelado en forma de cartucho. Tal como lo había profetizado el sueño, Tutmosis IV se convirtió en el siguiente faraón de Egipto.[18]

La historia de las obras de Tutmosis IV fue preservada en su estela, ahora conocida como la Estela del Sueño, parte de la cual decía: "… habiendo llegado el real hijo, sucedió que el príncipe [Tutmosis] vino de viaje a la hora del mediodía. Descansó a la sombra de este poderoso dios, y el sueño se apoderó de él en el momento en que Ra estaba en su cenit. Entonces descubrió que la majestad de este augusto dios le habló por su propia boca como un padre habla a su hijo, y le dijo: 'Mírame, contémplame, mi hijo Thutmose; soy vuestro padre Horemakhet-Khepri-Ra-Atum; te daré la soberanía sobre mis dominios, la supremacía [sobre la tierra de los vivientes] (…) Contempla mi condición actual para que puedas proteger todas mis perfectas extremidades. La arena del desierto sobre el que yazco, ahora me cubre. Sálvame, y haz que se ejecute todo lo que hay en mi corazón'".

A todo esto le añadieron más otros faraones, que construyeron una capilla a su alrededor, pero al final las

---

[18] Papanek, John (editor). 1992. *Egypt: Land of the Pharaohs* [Egipto: tierra de los faraones]. Time Life Books, EE: UU. pp 60-66.

arenas regresaron, a veces enterrando las zarpas y el cuerpo de la Esfinge, y otras enterrando por completo el vasto monumento. No obstante, la Esfinge se asomó de entre las arenas las más de las veces a lo largo de los últimos milenios, algunas veces apareciendo tan solo como una cabeza sobresaliendo de la arena, con sus atemporales ojos del pasado antiguo observando cómo el mundo continuaba cambiando a su alrededor. Cuando una excavación a principios del siglo XX finalmente consiguió despejar la arena de la base de la Esfinge, el propio *New York Times* reportó: "La Esfinge ha emergido así al paisaje fuera de las sombras de lo que parecía ser un olvido impenetrable".

Capítulo 3: A través de los tiempos

La construcción de una capilla alrededor de la estela de Tutmosis IV ha llevado a los egiptólogos a argumentar que puede haber existido un culto a la Esfinge durante el periodo del Reino Antiguo de Egipto. Aunque no hay evidencia específica que avale esto, la presencia de la capilla en la base de la gran Esfinge de Guiza ha sugerido la posibilidad de su uso religioso. Sin embargo, no existen registros de sacerdotes que sirvieran en el templo de la Esfinge, lo que algunos han interpretado como que nunca fue una estructura completada. Sea como fuere, el monumento en sí fue ciertamente popular durante el Reino Antiguo, y otras estructuras anteriores aparentemente fueron "cosechadas" para su uso como materia prima en la reconstrucción y restauración de la Esfinge. Irónicamente, la calzada de la pirámide de Kefrén fue una de las víctimas, pues fue desguazada para proporcionar la piedra para reparar la Esfinge y construir el templo en su honor.[19]

La imagen de la Esfinge continuó siendo popular incluso durante el Periodo de Amarna, una época en que los dioses y religiones tradicionales de Egipto fueron abandonados forzosamente por orden del faraón Akhenatón (Neferjeperura Amenhotep – Ajenatón) en favor de la adoración del disco solar, interpretado por el faraón como un dios y llamado con el nombre de Atón. Tener asociaciones con el sol puede haber favorecido a la Esfinge durante ese tiempo, ya que no solo fue dejado intacto el gran monumento, sino que el propio faraón y su reina, Neferititi, fueron representados como esfinges en las decoraciones de una villa que data del Periodo amarniense.

Los gobernantes posteriores Seti I y Ramsés II llevaron a cabo otras reparaciones y renovaciones de la gran Esfinge de Guiza y sus templos asociados. Ramsés II incluso añadió bajorrelieves al templo de la Esfinge que lo representaban presentando ofrendas a la gran Esfinge.

---

[19] Markowitz, Yvonne; Haynes, Joyce & Freed, Rita. 2002. *Egypt in the Age of the Pyramids* [Egipto en la era de las pirámides]. Museo de Bellas Artes, Boston Expedition, Boston, EE. UU.

También se agregó una barba ceremonial al rostro de la Esfinge, aunque no se sabe con certeza cuándo, dado que la adición de la barba terminó cayéndose más tarde.[20]

Atón ilumina la esfinge de Akhenatón

Para el periodo de la dinastía XXVI, la mampostería de la Esfinge se estaba desmoronando notablemente, y una vez más se revistió la estructura en bloques de caliza, en un importante programa de reparación. Incluso los romanos no pudieron resistirse a contribuir a la preservación del monumento, al añadir una serie de piedras del tamaño de ladrillos modernos al cuerpo de la Esfinge en lugares donde se había producido una fuerte erosión. El uso de piedra caliza blanca para estas reparaciones ha significado que dicho material ha resistido

[20] Hill, J. 2010. *The Great Sphinx of Giza* [La gran Esfinge de Guiza]. Consultado el 14 de julio de 2013. http://ancientegyptonline.co.uk/great-sphinx.html

el paso del tiempo peor que el propio monumento, pero todavía puede verse en algunas secciones de la Esfinge hoy en día.

La historia de la Esfinge a través de los tiempos es, por ende, una de reparaciones y cuidados por parte de los muchos gobernantes de Egipto que siguieron a su construcción inicial. Desgraciadamente, no todos los periodos de tiempo han sido tan amables, pues en épocas modernas el vandalismo se ha unido a las fuerzas de la erosión en la continua decadencia de este grandioso monumento. Uno de los elementos más obvios, y por lo tanto más discutidos, de vandalismo contra la gran Esfinge de Guiza, es la pérdida de su nariz. Los guías turísticos en Egipto hablan a menudo de Napoleón a este respecto, deleitando a los viajeros con historias de cómo su ejército disparó sus cañones contra la Esfinge y logró desprender su nariz con uno de sus disparos más certeros.

Si bien es cierto que las fuerzas armadas de la expedición de Napoleón usaron el monumento para algunas sesiones de práctica de tiro, como lo hicieron también ejércitos posteriores como las tropas mamelucas y el Ejército Británico, es más aceptado generalmente que la nariz se perdió debido a los esfuerzos intencionales de un fanático musulmán aproximadamente en el año 1378 e. c. El fanático era un tal Muhammad Sa'im al-Dahr, un musulmán sufí que vivía en El Cairo en ese momento. La historia cuenta que se enfureció al presenciar cómo campesinos egipcios presentaban a la Esfinge con ofrendas, pidiendo al "talismán del Nilo" su ayuda para tener una cosecha abundante. Iracundo en su fanatismo "justo", al parecer vandalizó el monumento al destruir la nariz de la Esfinge, y cambió irrevocablemente la apariencia de la antigua estatua para siempre.[21]

Al-Dahr supuestamente fue ahorcado por su crimen, pero en los años siguientes ocurrirían más actos vandálicos, pues la búsqueda de tesoros llevó a muchos a desfigurar el monumento de diversas maneras. El capitán cazatesoros Giovanni Caviglia, por ejemplo, despejó toda la arena alrededor del pecho de la Esfinge en 1818, descubriendo así la estela de Tutmosis IV. Este descubrimiento del monumento dio acceso a otro cazador de tesoros en 1838, el topógrafo e ingeniero británico John Shae Perring, quien estaba convencido de que había tesoros escondidos dentro de la Esfinge misma, y buscó repetidamente una vía de acceso. Esto incluyó taladrar agujeros en el cuerpo de la Esfinge.

Aunque los agujeros en sí causaron lo que parecía ser solo una destrucción limitada, su legado fue, desafortunadamente, más a largo plazo y extendido por todo el monumento. Los agujeros permitieron que el agua

---

[21] Hill, J. 2010. *The Great Sphinx of Giza* [La gran Esfinge de Guiza]. Consultado el 14 de julio de 2013. http://ancientegyptonline.co.uk/great-sphinx.html

de lluvia se filtrara al cuerpo de la estatua, lo que contribuyó a su continua destrucción, hasta que los agujeros finalmente fueron reparados en la década de 1920[22]. La conservación luego sería un importante factor en la forma en que la Esfinge fue abordada y comprendida, pero tales preocupaciones por el patrimonio llegaron mucho después, luego de que la ciencia, la egiptología y la arqueología definieran la manera en que las personas veían los grandes monumentos del pasado de Egipto.

---

[22] Papanek, John (editor). 1992. *Egypt: Land of the Pharaohs* [Egipto: tierra de los faraones]. Time Life Books, EE. UU. pp 66.

Retrato de Perring

Capítulo 4: Napoleón y la ciencia de la egiptología

El desarrollo de la egiptología y la ciencia de la arqueología surgió de una fascinación popular con las reliquias del pasado, parte de una moda del romanticismo que se ha aplicado en diversas ocasiones a diferentes partes del mundo y su misterioso pasado. La fascinación con la Antigüedad egipcia tomó la forma de la búsqueda de tesoros antes de que la curiosidad científica y el respeto por los artefactos de culturas pasadas se pusieran en primer plano.

En el caso de Egipto, estos hilos de interés se remontan a un evento: la expedición militar de Napoleón a Egipto en 1798. El general francés estaba liderando una campaña contra las fuerzas turcas en el actual Egipto, llevando consigo 34.000 tropas con ese fin. Irónicamente, dada su reputación por dañar la Esfinge, Napoleón también llevó un equipo de 167 artistas y científicos, y fueron estos hombres quienes lideraron el esfuerzo para registrar sistemáticamente los elementos remanentes del Antiguo Egipto. Incluso se utilizaron las tropas para despejar la arena alrededor de la base de la Esfinge, aunque, menos científicamente, también se informa que usaron la antigua edificación para práctica de tiro antes de emprender maniobras militares. Napoleón intentó inspirar a sus tropas al referirse a las ruinas del pasado que las rodeaban, antes de su marcha hacia la batalla. Según los informes, dijo "¡Soldados! Desde la cima de aquellas pirámides, cuarenta siglos los contemplan".

La famosa pintura de Jean-Léon Gérôme, *Bonaparte ante la Esfinge* (1867-8)

VUE DU SPHINX ET DE LA GRANDE PYRAMIDE, PRISE DU SUD-EST.

Dibujos de la Esfinge, de la *Descripción de Egipto*

Gracias al almirante Horacio Nelson y las fuerzas británicas, la expedición militar de Napoleón no fue un éxito para él, pero el resultado científico fue nada menos que extraordinario, con un texto de veinticuatro volúmenes titulado *"Description de l'Egypt"* como resultado[23]. Esta recopilación de información académica fue la primera de su tipo, y al regresar a Europa, fue ella la que despertó el interés de muchos. Inspirados por esto, eruditos, académicos, artistas, anticuarios y científicos de toda Europa y América comenzaron a ir a Egipto. Algunos iban a resolver sus misterios, mientras otros lo hacían para saquear su pasado, pero para todos y cada uno, la Esfinge estuvo allí, observando y esperando a medida que la atención del mundo se enfocaba cada vez más en Egipto.

Desafortunadamente, los primeros en llegar estaban a menudo más preocupados por tesoros que por conocimientos. Eran comunes personajes como Giovanni Battista Belzoni, un forzudo italiano que se relacionó con ladrones de tumbas para obtener acceso a los artículos valiosos del pasado enterrados por todo Egipto. La mayoría de sus experiencias destruyeron más de lo que iluminaron, y él mismo describió casualmente haber

---

[23] Papanek, John (editor). 1992. *Egypt: Land of the Pharaohs* [Egipto: tierra de los faraones]. Time Life Books, EE. UU. p 34.

destrozado sarcófagos en su tropezada expoliación de tumbas, o incluso haber cocinado pollo asado para la cena en un fuego hecho con fragmentos de sarcófagos rotos, huesos y otros restos momificados[24]. Tales desventuras eran comunes en una época en que era más probable que la excavación se realizara con dinamita en lugar de cepillo y pala.

Al ser un monumento en lugar de un templo o tumba, la gran Esfinge de Guiza permaneció relativamente ilesa, pero los rumores ocasionales de que albergaba un alijo secreto de tesoros ciertamente no la favorecieron, como fue el caso de los agujeros taladrados en su cuerpo por Perring. Tomaría tiempo para que el conocimiento científico precediera al botín como la motivación principal para el estudio de Egipto, e incluso hoy las historias de la era de la caza de tesoros sazonan las interpretaciones actuales de la arqueología y la egiptología.

---

[24] Belzoni, Giovanni Battista. 1820. *Narrative of the operations and recent discoveries within the pyramids, temples, tombs, and excavations, in Egypt and Nubia; and of a journey to the coast of the Red Sea, in search of the ancient Berenice, and of another to the oasis of Jupiter Ammon* [Narrativa de las operaciones y descubrimientos recientes dentro de las pirámides, templos, tumbas y excavaciones, en Egipto y Nubia; y de un viaje a la costa del Mar Rojo, en busca de la antigua Berenice, y de otro al oasis de Júpiter Amón]. J. Murray, Londres.

Retrato de Giovanni Battista Belzoni

La arqueología, para tomar el término en su acepción más comúnmente aceptada, es una disciplina que se ocupa del pasado y que consigue sus resultados mediante el examen de artefactos asociados con la manufactura humana, o que representan evidencia de contacto e interacción humana. Si bien es cierto que la mayoría de los arqueólogos están de acuerdo con estas premisas básicas, las gradaciones de diferencia en torno a los conceptos clave son de suma importancia. La arqueología es muchas cosas para muchas personas, y contiene una plétora de subconjuntos especializados. Algunos ejemplos incluyen: Arqueología de rescate, Arqueología experimental, Arqueología histórica, Arqueología industrial, Arqueología prehistórica, Arqueología procesual, Arqueología posprocesual, Arqueología teórica, Arqueología del paisaje, Arqueología feminista, Arqueología marginal, Arqueología popular, Arqueología consultora y Arqueología bíblica, por nombrar solo algunos clave, entre una lista mucho más extensa.

Los planes y prioridades, teorías, métodos y motivaciones diferirán entre los muchos arqueólogos que toman parte en trabajos que se cruzan en estas áreas de subconjuntos. Un arqueólogo industrial observa periodos de tiempo diferentes que el arqueólogo prehistórico, y un arqueólogo posprocesual tiene un conjunto diferente de valores, ideales e intenciones que un arqueólogo procesual. Incluso dentro de estos llamados grupos, los individuos estarán en desacuerdo entre sí con respecto a la naturaleza, intención, mejor método de trabajo y enfoque teórico que debe tomar un arqueólogo. El arqueólogo teórico Matthew Johnson afirmó que estos grupos son "de hecho un conjunto muy diverso de preocupaciones e ideas que se fusionaron en torno a ciertos eslóganes" y el término general no es un referente de uniformidad, sino que "esconde una gran diversidad de puntos de vista y tradiciones".[25]

Se pueden observar más diferencias con diferentes orígenes culturales, como, por ejemplo, con los equipos francés, alemán y holandés, que tenía cada uno su propio enfoque cultural hacia las técnicas de excavación y documentación, como resultado de la formación emprendida desde un origen cultural en particular. Sucede a menudo en las ciencias que existe un acuerdo en cuanto a los conceptos clave, pero casi todo lo demás está abierto al debate y la discusión. Para algunos, la arqueología es una especie de narración de historias[26], para otros es trabajo detectivesco[27], para unos arte[28], para otros ciencia[29], y para algunos una mera ciencia de la basura[30]. Si bien hay quienes han afirmado en el pasado que la arqueología es un subconjunto de otras disciplinas, como la historia[31] o la antropología[32], tales afirmaciones tienen poco peso en la actualidad y se deben más a los orígenes de la disciplina que a lo que se ha convertido desde entonces.

La arqueología no es más una "sirvienta" de la historia[33]

---

[25] Johnson, Matthew. 1999. *Archaeological Theory – An Introduction* [Teoría arqueológica: una introducción]. Blackwell Publishers, Reino Unido. p 101.

[26] Nelson, Sarah Milledge (ed). 2006. Archaeological Perspectives on Gender [Perspectivas arqueológicas sobre el género]. En: Nelson, Sarah Milledge (ed). 2006. *Handbook of Gender in Archaeology* [Manual de género en arqueología]. AltaMira Press. EE. UU. p 9.

[27] White, Peter. 1974. *The Past is Human* [El pasado es humano]. Angus and Robertson. Gran Bretaña.

[28] Braidwood, Robert J. 1970. Citado en: Cleator, P. E. 1976. *Archaeology in the Making* [Arqueología en proceso]. St Martin's Press, Nueva York.

[29] Ely, Talfourd. 1890. Citado en: Cleator, P. E. 1976. *Archaeology in the Making* [Arqueología en proceso] St Martin's Press, Nueva York.; Biek, Leo. 1963. Citado en: Cleator, P. E. 1976. *Archaeology in the Making* [Arqueología en proceso]. St Martin's Press, Nueva York.

[30] Fagan, Brian M. 1978. *Archaeology – A Brief introduction* [Arqueología: una breve introducción]. Little, Brown and Co. Boston, Toronto. p 2.

[31] Courbin, Paul. 1972. Citado en: Cleator, P. E. 1976. *Archaeology in the Making* [Arqueología en proceso]. St Martin's Press, Nueva York.

[32] Crawford, O. G. S. 1953. Citado en: Cleator, P. E. 1976. *Archaeology in the Making* [Arqueología en proceso] St Martin's Press, Nueva York.

que una especie de aventura de búsqueda de tesoros[34], aunque los ecos de esas primeras avenidas y casos aún tiñan la disciplina a medida que continúa desarrollándose. El arqueólogo K. C. Chang afirmó que, "como herramienta, la arqueología sirve a muchos amos"[35], y es importante recordar que, si bien un arqueólogo puede enfocarse en reconstruir las acciones humanas del pasado[36], otro puede estar más interesado en el cambio material a gran escala y a largo plazo, trazado a través de monumentos, estructuras y patrones de asentamiento[37]. La arqueología permite múltiples enfoques, y si se consideran los diferentes hallazgos, condiciones, desafíos y contextos encontrados en los sitios arqueológicos de todo el mundo, los diferentes enfoques, teorías e intenciones son muy apropiados

Como dijo el arqueólogo S. J. Knudson: "la arqueología es una disciplina científica compleja que abarca muchos niveles de investigación y muchos objetivos variados"[38].

---

[33] Daniel, Glyn. 1950. *A hundred and fifty years of Archaeology* [Ciento ciencuenta años de arqueología]. Redwood Burn Ltd, Throwbridge and Esher. Gran Bretaña. p 9.

[34] Papanek, John (editor). 1992. *Egypt: Land of the Pharaohs* [Egipto: tierra de los faraones]. Time Life Books, EE: UU. pp 18-19.

[35] Chang, K. C. 1978. Some theoretical issues in the archaeological study of historical reality [Algunos problemas teóricos en el studio arqueológico de la realidad histórica]. En: Dunnell, Robert C. y Hall Jnr, Edwin S. (eds). 1978. *Archaeological essays in honour of Irving B. Rousem* [Ensayos arqueológicos en honor a Irving B. Rousem]. Mouton Publishers. La Haya, Países Bajos. p 13.

[36] Movius, Hallam L. 1965. Citado en: Cleator, P. E. 1976. *Archaeology in the Making* [Arqueología en proceso]. St Martin's Press, Nueva York.

[37] Bailey, G.N. 1983. Concepts of time in Quaternary prehistory [Conceptos del tiempo en la prehistoria cuaternaria]. En: *Annual Review of Anthropology*. Volumen 12: 165-192. Annual Reviews, EE. UU. p 165; Fletcher, Roland. 1986. Settlement Archaeology: world-wide comparisons [Arqueología de los asentamientos: comparaciones mundiales]. En: *World Archaeology*. Número 18 (1): 59-83.; Fletcher, Roland. 1995. *The Limits of Settlement Growth* [Los límites del crecimiento de los asentamientos]. Cambridge University Press.

[38] Knudson, S. J. 1978. *Culture in Restrospect: An Introduction to Archaeology* [Cultura en retrospectiva:

En cuanto a las cuestiones más filosóficas de lo que la arqueología es y lo que hace, cada arqueólogo tendrá su propio punto de vista. Joukowsky es más personal cuando discute la necesidad de la arqueología, al decir: "la esencia de la arqueología es que hace que nuestro mundo sea mucho más significativo (…) La arqueología profundiza nuestra comprensión de la humanidad y la sociedad (…) nos eleva al satisfacer nuestro deseo y necesidad básicos de saber quiénes somos"[39]. Esto trata con la filosofía de por qué hay una necesidad de arqueología, y da una idea de las motivaciones e inspiraciones personales de Joukowsky como arqueólogo.

Por otro lado, Fletcher y Bailey observan las fortalezas específicas de la arqueología a la hora de definir sus enfoques, examinando lo que la arqueología puede hacer, que ninguna otra disciplina puede. En todos los ambientes de la Tierra abundan artefactos de gran variedad, algunos tan grandes como 100 kilómetros cuadrados, algunos tan pequeños como una fracción de milímetro, algunos de millones de años de antigüedad, otros tan recientes como ayer. Fletcher y Bailey señalan que éstos forman un registro consistente de la interacción humana a largo plazo con lo material, algo que la arqueología está en una posición única para examinar de manera efectiva[40]. Cómo

---

una introducción a la Arqueología]. Rand and McNally College Publishing Company. Chicago. pp 4-5.

[39] Joukowsky, Martha. 1980. *Field Archaeology* [Arqueología de campo]. Prentice Hall Inc, Nueva Jersey. p 1.

se utiliza luego ese registro para razonar sobre el pasado, es tema de continuo debate y conjetura.

Aunque es generalmente aceptado en la arqueología y la egiptología que Kefrén fue el faraón responsable de la construcción de la gran Pirámide de Guiza, todavía hay algo de debate sobre el tema. La evidencia que apoya la teoría de Kefrén consiste en la proximidad del monumento a su propia pirámide, así como las similitudes faciales de la Esfinge con otras representaciones de Kefrén en el registro arqueológico egipcio. La llamada Estela del Sueño de Tutmosis IV también se ha citado como referencia a Kefrén, pero el daño en la inscripción significa que esto también esté abierto a debate. Fue el arqueólogo Thomas Young quien notó *"Khaf"* (o castellanizado, "Jaf", de Jafra, otro nombre para Kefrén) escrito en jeroglíficos dentro de un cartucho dañado, cuyo diseño por lo general se utilizaba para denotar un nombre de la realeza, pero para cuando se reexaminó la estela en 1925, la referencia a *"Khaf"* había sido destruida debido a más descamación.

La evidencia contraria a la hipótesis de Kefrén incluye otra inscripción, llamada la Estela del Inventario, que describe a Jufu descubriendo la Esfinge, ya enterrada

---

[40] Fletcher, Roland. 1995. *The Limits of Settlement Growth* [Los límites del crecimiento de los asentamientos]. Cambridge University Press. p 188; Bailey, G.N. 1983. Concepts of time in Quaternary prehistory [Conceptos de tiempo en la prehistoria cuaternaria]. En: *Annual Review of Anthropology*. Volumen 12: 165-192. Annual Reviews, EE. UU. p 165.

durante su época. Esto significaría que la Esfinge es incluso siglos más antigua de lo que se pensaba, pero la Estela del Inventario data de algún momento entre los años 678 y 525 a. e. c., por lo que la inscripción ha sido interpretada como una historia revisionista del Periodo Tardío, lo que la haría un ejemplo de propaganda del pasado, con los antiguos egipcios reescribiendo su propia historia ya antigua. El escritor Colin Reader sopesó la evidencia y concluyó que "la ejecución de la Estela del Inventario es pobre, y los nombres usados para las diversas deidades mencionadas en el texto son claramente aquellos empleados durante el Periodo Tardío (…) [se trata de] un intento fraudulento por parte de los egipcios del Periodo Tardío por redescubrir un pasado que era, incluso entonces, de gran antigüedad".[41]

El arqueólogo Rainer Stadelmann, quien fue director del Instituto Arqueológico Alemán en El Cairo, presentó su caso contra Kefrén como constructor de la Esfinge, mediante el examen de la iconografía del monumento y la arquitectura circundante. Argumentó que la calzada de Kefrén fue construida en torno a un estructura preexistente, y basándose en la ubicación, dicha estructura sería la propia gran Esfinge. Por consiguiente, razonó Stadelmann, si el monumento era anterior a Kefrén, su

---

[41] Reader, Colin. 2002. *Giza Before the Fourth Dynasty* [Guiza antes de la cuarta dinastía]. Journal of the Ancient Chronology Forum #9. pp 5–21. Consultado el 14 de julio de 2013.
http://www.thehallofmaat.com/modules.php?name=Articles&file=article&sid=93

iconografía sería indicativa de un periodo anterior.

Argumentó Stadelmann que esa iconografía diferente incluía el tocado o *nemes* de la Esfinge, así como la barba que alguna vez tuvo y que desde hace tanto ha estado separada del monumento, junto con su nariz. La iconografía tanto de la barba como del tocado, argumentó, eran estilísticamente similares a la era del faraón Jufu (Keops), quien reinó entre 2589 y 2566 a. e. c.[42]. Como el constructor de la gran pirámide de Guiza, y padre de Kefrén, Jufu es una opción popular para interpretaciones alternativas del faraón que supervisó la creación de la Esfinge.

Dicho eso, el argumento de Stadelmann de que la calzada se construyó alrededor de una estructura existente no toma en cuenta el hecho de que el afloramiento rocoso del que fue tallada la Esfinge habría sido un elemento natural presente en el paisaje desde mucho antes de ser modelado en forma de la Esfinge. En otras palabras, la calzada bien pudo ser construida incluso antes de que la Esfinge se completara, lo que haría posible que Kefrén fuera el responsable tanto de la Esfinge como de la calzada. A pesar de las opiniones discrepantes, el consenso actual entre los egiptólogos es que Kefrén fue el

[42] Stadelmann, Rainer. 2003. The Great Sphinx of Giza [La gran Esfinge de Guiza]. En: Hawass, Zahi (editor). *Egyptology at the Dawn of the Twenty-First Century: Proceedings of the Eighth International Congress of Egyptologists* [Egiptología en los albores del siglo XXI: Actas del Octavo Congreso Internacional de Egiptólogos]. American University in Cairo Press, El Cairo y Nueva York. pp. 464-469.

faraón que instigó la escultura del monumento de la Esfinge a partir de un afloramiento natural, que había quedado después de que se completara la gran pirámide de Guiza, hecha por su padre. Si bien esta posición podría cambiar si se obtiene más evidencia, sigue siendo hasta ahora la versión más comúnmente aceptada del pasado.

Capítulo 5: La Esfinge y la cultura popular

Además de la literatura de la arqueología, existe otro ámbito donde la Esfinge continúa figurando, inspirando una gran variedad de historias, imágenes e ideas diferentes. Ese ámbito es, por supuesto, la cultura popular, donde la historia de la Esfinge continúa afirmándose y remodelándose a sí misma, como lo hiciera en la mitología griega hace tanto tiempo. La fascinación del público con Egipto y los misterios de su pasado han llevado al desarrollo de una variedad de novelas, filmes, juegos y cómics que exploran los aspectos mitológicos y ficticios de esa historia. Como una figura principal dentro del paisaje del pasado, la Esfinge se ha convertido en un punto focal para muchas de esas exploraciones. Así como la mitología griega tomó la imagen de la Esfinge para representar al viejo mundo en el cuento de Edipo, la ficción contemporánea envuelve esa misma imagen con nociones de magia, terribles maldiciones y conocimiento olvidado, yuxtaponiendo el mundo moderno contra la alteridad del pasado ficticio de Egipto.

Un ejemplo de esto es el relato breve "Bajo las pirámides", publicado en la revista "pulp" *Weird Tales* [Cuentos Extraños], en febrero de 1924. El boceto de la historia provino de nada menos que Harry Houdini, quien presentó al editor de la revista, J. C. Henneberger, un relato supuestamente verídico de su encuentro con fuerzas extrañas en Egipto. Atraído por la idea de vincular el nombre de Houdini a su revista, Henneberger aceptó de buena gana y rápidamente asignó a un contribuyente habitual como escritor fantasma para redactar la historia.

Dicho escritor no era otro que el icónico autor de fantasía y horror, H P. Lovecraft, cuyos propios cuentos de Cthulhu sobre dioses antiguos que amenazaban con despertar de un sueño de otra dimensión y regresar a esta Tierra, han perturbado a lectores en todo el mundo durante décadas. Lovecraft escogió escribir el cuento en primera persona, presentándolo como si el mismo Houdini estuviera contando la historia. De hecho, algunas versiones publicadas de la historia no incluyeron un crédito para Lovecraft, prefiriendo en cambio presentar la ficción como un evento verdadero en la vida del gran escapista, escrito solo por él.

La historia está ambientada en 1910 y cuenta que Houdini se encontró con un guía turístico que tenía un parecido sorprendente con uno de los antiguos faraones de Egipto. El guía secuestra a Houdini y lo lleva a la gran

Esfinge de Guiza, donde el artista del escape es arrojado a un profundo hoyo ubicado cerca del famoso monumento. Afortunadamente, a Houdini no le falta fortaleza, y logra escapar de su predicamento mediante el uso laborioso de sus técnicas de escapismo, o como él lo llamaba, "escapología". Sin embargo, mientras se abría paso a través de oscuros pasajes, buscando la salida, se encontró con una gran caverna, decorada como un antiguo lugar de ceremonias y posiblemente de sacrificio, donde el propio Houdini era la próxima víctima. Pues allí, en las profundidades bajo el suelo, está una enorme y terrible criatura, la bestia real en la que se basó el monumento de la Esfinge, aún viva y hambrienta en la oscuridad bajo las calientes arenas del desierto egipcio.[43]

La narración del cuento de Lovecraft lo ubica en el contexto de sus historias de Cthulhu, dándole una resonancia oscura y mítica que Houdini al parecer disfrutaba, pues colaboró después con Lovecraft en otros proyectos. Los misterios del Antiguo Egipto, una fuente de fascinación para el público en general, se responden aquí en la ficción cuando a la Esfinge se le da una contraparte viviente, una deidad perturbadora de inmenso poder, de alguna manera más oscura e inquietante que la que Edipo tan famosamente derrotó mediante su intelecto. Otros autores también han escrito sobre la Esfinge como

---

[43] Lovecraft, H. P. & Houdini, Harry. 1924. *Under the Pyramids. Weird Tales May –July 1924* [Bajo las pirámides. *Weird Tales* mayo-julio de 1924]. Weird Tales, EE. UU.

una criatura viviente, pero no siempre con el sentido de horror y oscuridad preferido por Lovecraft.

Un autor que escribió sobre la Esfinge con humor fue el británico Terry Pratchett, quien creó su propia versión del Antiguo Egipto en un entorno de fantasía conocido como *Discworld*, o "Mundodisco". El Mundodisco era una tierra plana en forma de disco, sostenida a lomos de elefantes gigantes que a su vez estaban parados sobre el caparazón de una gran tortuga, nadando por el espacio. Los habitantes del Mundodisco eran una variopinta gama de magos, brujas y bárbaros en una mezcolanza cómica de cuentos clásicos de fantasía. Dentro de ese mundo inventado también estaba la propia versión de Pratchett de Egipto, donde parodiaba diversos aspectos de la historia egipcia y, más concretamente, las interpretaciones de la cultura popular.

En el libro de Pratchett, "Pirómides", el héroe de la historia, el faraón y a veces asesino Pteppic, se enfrenta a la Esfinge en un plano separado de la realidad. Como en el relato mitológico de Edipo, la Esfinge presenta su desafío preguntando el famoso acertijo: "¿Qué anda con cuatro pies en la mañana, dos pies a mediodía y tres en la noche?". Ante la perspectiva de ser comido si responde incorrectamente, pero si saber la respuesta, Pteppic cuestiona en cambio la lógica del propio acertijo. "¿Hay consistencia interna en la metáfora?", pregunta a la

Esfinge, cuestionando si todos los elementos mencionados realmente le sucedían a un individuo en espacio de un día.

Una vez que la Esfinge admite la naturaleza alegórica del desafío, Pteppic continúa señalando problemas lógicos. Si una vida humana, que se estima en un promedio de 70 años, se comprime al periodo de un solo día, entonces la cantidad de tiempo que se pasa como un bebé gateando en cuatro patas sería solo de veinte minutos en lugar de toda la mañana. Además de que ese periodo en un día de veinticuatro horas es en realidad justo después de la medianoche y, de todos modos, difícilmente se puede llamar mañana. Además, no todas las personas mayores necesitan bastones para caminar, mientras que algunos podrían necesitar más de uno para ayudarlos a moverse.

Pteppic luego ofrece a la Esfinge ayudarla a reescribir el acertijo para mejorar su precisión alegórica. Sugiere, por ejemplo, que en lugar de la parte de "tres piernas en la noche" seguramente sería mejor expresarlo como: "después de la cena continúa caminando en dos piernas o con cualquier ayuda prostética de su elección". Por supuesto, para cuando la lógica del acertijo ha sido expuesta, Pteppic ha aprendido la respuesta y puede proporcionarla y superar indemne la prueba de la monstruosa Esfinge.[44]

---

[44] Pratchett, Terry. 1989. *Pyramids* [Pirómides]. Corgi, Doubleday, Gran Bretaña; Pratchett, Terry & Simpson, Jacqueline. 2008. *The Folklore of Discworld* [El folclor de *Mundodisco*]. Corgi, Doubleday, Gran Bretaña.

El uso del acertijo de la mitología griega en el contexto de una historia ficticia empapada de imaginería egipcia, demuestra cuánto esa referencia mitológica se ha vuelto ahora parte del personaje de la Esfinge. Desde la perspectiva del presente, las diversas acumulaciones de historia se han unido a la imagen de la Esfinge, dando forma a su mitología de maneras que hacen de la comprensión moderna de ella, algo que habría sido completamente ajeno a las personas que construyeron el monumento hace tantos años.

Otra serie que juega con los hechos establecidos de la historia es "Ásterix el galo", una serie francesa de historietas cómicas ambientadas en el año 50 a. e. c., justo cuando toda Galia ha sido conquistada por Julio César. Toda, excepto una pequeña aldea, donde el druida local prepara una poción mágica que dota a quien la bebe de una fuerza sobrehumana. Los personajes principales, Ásterix, su mejor amigo Óbelix y su perro Ideafix, viajan por todo el Imperio romano conquistado encontrándose a varias figuras históricas y creando caos en el camino. Su visita a Egipto, por ejemplo, en la historia de "Ásterix y Cleopatra", fue una buena excusa para explicar lo que sucedió con la nariz de la Esfinge, cuando Óbelix accidentalmente la desprende mientras escala la Esfinge para tener una mejor vista del área.[45]

---

[45] Goscinny & Uderzo. 1969. Asterix and Cleopatra [Ásterix y Cleopatra]. Brockhampton Press Ltd, Gran Bretaña.

Esto es típico de cómo juega la serie con la historia, que ciertamente consigue con éxito que lectores jóvenes se interesen en aprender más sobre el pasado; sin embargo, cualquier conocimiento histórico basado en Ásterix de forma aislada es, en el mejor de los casos, desacertado. Esta forma de juego con los misterios de la Esfinge no es poco común en la ficción, pues se han presentado varias versiones de cómo perdió su nariz y en qué rostro se basó el monumento. Por ejemplo, en la serie televisiva de ciencia ficción británica "Doctor Who", el Doctor viajero en el tiempo descubre que su compañero, Peri, ha convencido a los antiguos egipcios de usar una imagen de Elvis como su base para la Esfinge, en la historia "El ojo del escorpión".[46]

Otros aspectos del Antiguo Egipto continúan sazonando la actitud de Hollywood al dar nueva vida al pasado en filmes como "La Momia", una película de terror[47] de 1932, con una franquicia de nuevas versiones aptas para toda la familia en 1999[48]. Ambas películas, y la multitud de otras como ellas utilizan las nociones de maldiciones antiguas y cadáveres reanimados envueltos en deshilachadas vendas de lino, para intrigar a una audiencia moderna que ya está fascinada con los misterios desconocidos del pasado antiguo. Como símbolo, la gran

---

[46] McLaughlin, Iain. 2001. *Doctor Who – The Eye of the Scorpion* [Doctor Who – El ojo del escorpión]. Big Finish, Reino Unido.

[47] Freund, Karl (director). 1932. *The Mummy* [La Momia]. Universal Pictures, EE: UU.

[48] Somers, Stephen (director). 1999. *The Mummy* [La Momia]. Universal Pictures, EE. UU.

Esfinge de Guiza es el epítome de esta fascinación, y un ícono recurrente de ella.

Las representaciones ficticias del mundo moderno han continuado lo que comenzaron los griegos antiguos con su propia reinterpretación de la criatura representada por el antiguo monumento. No es inconcebible suponer que este proceso de reinterpretación y reinvención continuará por mucho tiempo en el futuro, pero mientras el significado verbal continúe cambiando, filtrado a través de la visión de las cambiantes audiencias a lo largo del tiempo, el monumento que inspiró todas las historias permanece constante, desgastado por el tiempo pero de otra manera inquebrantable mientras las muchas interpretaciones de él resbalan como agua por sus pesadas facciones de piedra.

La Esfinge en 2010

Capítulo 6: Turismo

La gran Esfinge de Guiza es una poderosa imagen del mundo antiguo, un símbolo perdurable del Egipto actual, y una de las piedras angulares que atrae a una gama de viajeros de todo el mundo para disfrutar de la experiencia turística. Por supuesto, no es solamente la Esfinge lo que a los turistas les gusta visitar, ya que pueden disfrutar también de los templos circundantes y de las pirámides que dominan el horizonte de El Cairo, pero la Esfinge en sí es un ícono central y parte del panorama de espectáculo que a tantos atrae. Llegan en autobús y en taxi, por lo general haciendo el viaje desde la cercana ciudad de El Cairo hacia Guiza. Algunos incluso eligen caminar la distancia si están lo suficientemente en forma y desean agregar una sensación de peregrinación a sus viajes. Otros visitantes viajan con recorridos organizados, abriéndose paso entre las filas de espectadores boquiabiertos y asombrados que serpentean por los monumentos y de regreso, siguiendo a guías protectores que los ayudan a encontrar su camino, evitar vendedores de recuerdos y a conversar en el idioma local.

La tradición del turismo en Egipto tiene una larga historia, y el mundo antiguo tuvo su buena cantidad de viajeros también, muchos de los cuales se maravillaron con los íconos de un pasado que ya era antiguo incluso para ellos. Esta tradición comenzó aproximadamente en el siglo IV a. e. c., luego de que la cultura griega se extendiera por todo lo que era entonces el mundo conocido. Las civilizaciones previamente controladas por los persas, babilonios y egipcios se volvieron más fácilmente accesibles para los viajeros helénicos, lo que llevó a la compilación de una lista definitiva de lugares de interés que habían cautivado a quienes habían ido allí antes que ellos. Hubo muchas listas de artículos y lugares "imperdibles", compiladas por viajeros como el historiador Heródoto, el epigramista Antípatro de Sidón y el arquitecto Calímaco de Cirene, y las listas de estructuras y monumentos emblemáticos se utilizaron como guías para los turistas que siguieron.

Con el tiempo, los diversos documentos formaron una compilación que abarcaba lo que el matemático Filón de Bizancio llamó los "Siete monumentos del mundo" mejor conocidos como las "siete maravillas del mundo antiguo". Estas maravillas comprendían los Jardines Colgantes de Babilonia, el Templo de Artemisa en Éfeso, la Estatua de Zeus en Olimpia, el Coloso de Rodas, el Mausoleo de Halicarnaso, el Faro de Alejandría y la Gran Pirámide de Guiza[49]. De todas estas maravillas antiguas, solo una permanece intacta, la gran pirámide de Guiza, que sigue en pie hoy y continúa atrayendo a más turistas, incluso después de todos estos siglos.

---

[49] Clayton, Peter & Price, Martin. 1988. *The Seven Wonders of the Ancient World* [Las siete maravillas del mundo antiguo]. Routledge, EE: UU. pp 162–163.

La gran Esfinge de Guiza no está en la lista de las siete maravillas, y la ausencia de un elemento tan prominente ha despertado preguntas para muchos. El historiador griego Heródoto registró muchos detalles acerca de las pirámides y templos de Egipto, pero no menciona en absoluto la Esfinge en sus voluminosas obras[50]. Esto ha llevado a algunos a plantear la hipótesis de que la Esfinge bien puede haber estado enterrada y cubierta por montones de arena durante el siglo V a. e. c., lo que significaría que no habría figurado en la memoria colectiva de aquellos antiguos grupos de turistas[51]. Sin embargo, comentaristas posteriores de la Antigüedad estaban conscientes de su presencia. Uno de estos fue el romano Gayo Plinio Secundo, conocido más popularmente como Plinio el Viejo, quien vivió del 23 al 79 e. c.

Escritor, filósofo, comandante militar, naturalista y viajero, Plinio el Viejo escribió sus propias observaciones de la gran Esfinge de Guiza durante una visita a Egipto, y se refirió al monumento como la representación de una divinidad. También se refirió a la estructura como una tumba, citándola como el último lugar de descanso del rey Horemheb (*Harmais*), a quien Plinio describió como

---

[50] Heródoto (traducido por Grene, David).1988. *Heródoto – La Historia*. University of Chicago Press, EE. UU.

[51] Wilson, Andrew. 2013. *Oedipus & the Sphinx - The Riddle of the Sphinx. The Classics Pages* [Edipo y la Esfinge – El acertijo de la Esfinge. Las Páginas Clásicas]. Consultado el 28 de junio de 2013. http://www.users.globalnet.co.uk/~loxias/sphinx.htm

enterrado dentro de ella. Aunque el conocimiento de Plinio el Viejo a este respecto era erróneo y sin duda estaba compuesto de historias formadas de las fragmentadas memorias del pueblo, sus observaciones al menos sugieren que la Esfinge emergió dramáticamente de las arenas en algún momento después del siglo V a. e. c.[52]

En la época actual, muchas compañías turísticas y hoteles han adoptado, tanto en nombre como en diseño, la imagen de la enorme estatua. No es raro reservar un viaje con "Viajes Esfinge" o "*Tours* La Esfinge", u hospedarse en el *Mercure Cairo le Sphinx*, el *Sofitel Le Sphinx*, *Sphinx Guest House* o el *Sphinx Resort Hotel*. La iconografía asociada con la Esfinge se ha fijado firmemente al marketing de Egipto, y es una característica central de las imágenes, revistas y blogs turísticos que resultan del voluminoso número de visitantes cada año. Más de 12,8 millones de turistas fueron a Egipto en 2008, proporcionando casi $11 mil millones de dólares estadounidenses en ganancias, y en el año 2010 se estimó que más de 14 millones de turistas visitaron El Cairo.

Sin embargo, los números cayeron a 9 millones en 2011 debido a los levantamientos en toda la región, y se mantuvieron bajos después de eso debido a la

---

[52] Plinio (traducido por John Bostock y Henry Thomas Riley). 1857. *The Natural History of Pliny* [La historia natural de Plinio]. H. G. Bohn, Londres. pp 336–337.

incertidumbre política en curso. No obstante, a pesar de estos problemas, el flujo de turismo nunca ha cesado. Su importancia para la economía de Egipto es incuestionable, pues se calculó que los ingresos por turismo fluctuaron entre $2.942.000.000 en 1998 y $ 13.633.000.000 en 2010. Se ha estimado que el sector turismo emplea aproximadamente al 12% del total de la fuerza laboral egipcia.[53]

Sin embargo, la importancia del turismo para el beneficio económico debe ser equilibrada con el daño que el crecimiento y desarrollo urbano asociado causa a los monumentos del pasado que la gente desea ver con tanta desesperación. En 2008, por ejemplo, había suficiente preocupación por el aumento de la capa freática debajo de la Esfinge como para establecer un estudio en profundidad de la situación. Tres meses de estudios ecológicos y geofísicos exhaustivos realizados por el Centro de Ingeniería Arqueológica de las universidades de El Cairo y Ain Shams determinaron que los sistemas inadecuados de drenaje en el suburbio de Nazlet Al-Semman estaban causando que aumentara la capa freática y se acumulara sal en la superficie del suelo frente al Templo del Valle de la Esfinge.

Los suburbios invasores acercándose cada vez más a la

---

[53] Index Mundi. 2013. *Egypt - International tourism, number of arrivals* [Egipto: Turismo internacional, número de llegadas]. Consultado el 28 de junio de 2013.
http://www.indexmundi.com/facts/egypt/international-tourism

Esfinge y las pirámides fueron un resultado directo de los crecientes números de turistas, que provocaron una necesidad de crecimiento y expansión[54]. Algunos de los desarrollos que condujeron a la elevación del agua incluían los jardines públicos y el área residencial de Hadaaq Al-Ahram, junto con el campo de golf en el Hotel Mena House. La solución fue la instalación de un sistema de drenaje para reducir la alta tasa de acumulación de agua subterránea, mediante dieciocho máquinas de bombeo de agua en toda la meseta. En 2012 se estimó que dichas máquinas extraían 26.000 metros cúbicos de agua al día, a razón de 1.100 metros cúbicos por hora.[55]

La importancia de la gran Esfinge de Guiza asegura que será protegida y preservada por el mayor tiempo posible, y ya ha resistido la prueba del tiempo durante mucho más que muchos otros monumentos y artefactos del mundo antiguo. Como lo dijo Lehner: "La Esfinge es el paciente más antiguo en el mundo". En efecto, ha impregnado la historia, la leyenda y la cultura popular, y lo que una vez fuera moderno se ha convertido desde entonces en antiguo bajo su mirada. Quizás incluso el mundo moderno algún día parecerá antiguo para la gran Esfinge de Guiza, una de las pocas constantes dentro de un paisaje siempre cambiante. Pero lo que es seguro es que los turistas

---

[54] Al-Ahram. 2008. *Dammed, but not drowning* [Condenado, pero no ahogado]. Consultado el 28 de junio de 2013. http://weekly.ahram.org.eg/2008/891/he3.htm

[55] Al-Ahram. 2012. *Rising water: a necessary evil?* [Inundación: ¿Un mal necesario?] Consultado el 28 de junio de 2013. http://piweekly.ahram.org.eg/2012/1105/eg8.htm

continuarán viajando para verla, y la personas continuarán debatiendo su historia y orígenes.

Bibliografía

Al-Ahram. 2008. *Dammed, but not drowning* [Condenado, pero no ahogado]. Consultado el 28 de junio de 2013. http://weekly.ahram.org.eg/2008/891/he3.htm

Al-Ahram. 2012. *Rising water: a necessary evil?* [Inundación: ¿Un mal necesario?] Consultado el 28 de junio de 2013. http://weekly.ahram.org.eg/2012/1105/eg8.htm

Ateneo. 1930. *The Deipnosophistae of Athenaeus* [El banquete de los eruditos]. Edición de la Librería Clásica Loeb, Harvard University Press, EE. UU.

Bailey, G.N. 1983. Concepts of time in Quaternary prehistory [Conceptos de tiempo en la prehistoria cuaternaria]. En: *Annual Review of Anthropology.* Volumen 12: 165-192. Annual Reviews, EE: UU.

Bauer, S. Wise. 2007. *The History of the Ancient World* [La historia del mundo antiguo]. W. W. Norton & Company Inc, Nueva York.

Belzoni, Giovanni Battista. 1820. *Narrative of the operations and recent discoveries within the pyramids, temples, tombs, and excavations, in Egypt and Nubia; and of a journey to the coast of the Red Sea, in search of the ancient Berenice, and of another to the oasis of Jupiter Ammon* [Narrativa de las operaciones y descubrimientos recientes dentro de las pirámides, templos, tumbas y excavaciones, en Egipto y Nubia; y de un viaje a la costa del Mar Rojo, en busca de la antigua Berenice, y de otro al oasis de Júpiter Ammon]. J. Murray, Londres.

Biek, Leo. 1963. Citado en: Cleator, P. E. 1976. *Archaeology in the Making* [Arqueología en proceso]. St Martin's Press, Nueva York.

Bodsworth, Jon. 2011. *Egypt Archive* [Archivo egipcio]. http://www.egyptarchive.co.uk

Braidwood, Robert J. 1970. Citado en: Cleator, P. E. 1976. *Archaeology in the Making*[Arqueología en proceso]. St Martin's Press, Nueva York.

Chang, K. C. 1978. Some theoretical issues in the archaeological study of historical reality [Algunas cuestiones teóricas en el estudio arqueológico de la realidad histórica]. En: Dunnell, Robert C. aynd Hall Jnr, Edwin S. (editores). 1978. *Archaeological essays in honour of Irving B. Rouse* [Ensayos arqueológicos en honor a Irving B. Rouse]. Mouton Publishers. La Haya, Países Bajos.

Clayton, Peter & Price, Martin. 1988. *The Seven*

Wonders of the Ancient World [Las siete maravillas del mundo antiguo]. Routledge, EE: UU.

Courbin, Paul. 1972. Citado en: Cleator, P. E. 1976. *Archaeology in the Making* [Arqueología en proceso]. St Martin's Press, Nueva York.

Crawford, O. G. S. 1953. Citado en: Cleator, P. E. 1976. *Archaeology in the Making* [Arqueología en proceso]. St Martin's Press, Nueva York.

Daniel, Glyn. 1950. *A hundred and fifty years of Archaeology* [Ciento cincuenta años de arqueología]. Redwood Burn Ltd, Throwbridge y Esher. Gran Bretaña.

Dodson, Aidan & Hilton, Dyan. 2004. *The Complete Royal Families of Ancient Egypt* [Las familias reales completas del antiguo Egipto]. Thames & Hudson.

Ely, Talfourd. 1890. Citado en: Cleator, P. E. 1976. *Archaeology in the Making* [Arqueología en proceso]. St Martin's Press, Nueva York.

Enciclopedia Británica. 2013. *Khafre* [Kefrén]. Consultado el 14 de julio de 2013. http://www.britannica.com/EBchecked/topic/316035/Khafre

Fagan, Brian M. 1978. *Archaeology – A Brief introduction* [Arqueología – Una breve introducción].

Little, Brown and Co. Boston, Toronto.

Fletcher, Roland. 1986. Settlement Archaeology: world-wide comparisons [Arqueología de asentamientos: comparaciones mundiales]. En: *World Archaeology*. Número 18 (1).

Fletcher, Roland. 1995. *The Limits of Settlement Growth* [Lis límites del crecimiento de asentamientos]. Cambridge University Press.

Freund, Karl (director). 1932. *The Mummy* [La Momia]. Universal Pictures, EE: UU.

Goscinny & Uderzo. 1969. *Asterix and Cleopatra* [Ásterix y Cleopatra]. Brockhampton Press Ltd, Gran Bretaña.

Hadingham, Evan. 2010. Riddle of the Sphinx [El enigma de la Esfinge]. Revista Cosmos. Consultado el 8 de julio de 2013. http://www.cosmosmagazine.com/features/riddle-sphinx/

Heródoto (traducido por Grene, David). 1988. *Heródoto – La Historia*. University of Chicago Press, EE. UU.

Hill, J. 2010. *The Great Sphinx of Giza* [La gran Esfinge de Guiza]. Consultado el 14 de julio de 2013. http://ancientegyptonline.co.uk/great-sphinx.html

Index Mundi. 2013. *Egypt - International tourism,*

number of arrivals [Egipto: Turismo internacional, número de llegadas]. Consultado el 28 de junio de 2013. http://www.indexmundi.com/facts/egypt/international-tourism

Johnson, Matthew. 1999. *Archaeological Theory – An Introduction* [Teoría arqueológica: Una introducción]. Blackwell Publishers, Reino Unido.

Joukowsky, Martha. 1980. *Field Archaeology* [Arqueología de campo]. Prentice Hall Inc, Nueva Jersey.

Knudson, S. J. 1978. *Culture in Retrospect: An Introduction to Archaeology* [Cultura en retrospectiva: Una introducción a la arqueología]. Rand and McNally College Publishing Company, Chicago, EE. UU.

Lehner, Mark. 1985. *The Pyramid Tomb of Hetep-heres and the Satellite Pyramid of Khufu* [La tumba piramidal de Hetep-heres y la pirámide satélite de Keops]. Mainz am Rhein, Alemania.

Lovecraft, H. P. & Houdini, Harry. 1924. *Under the Pyramids. Weird Tales May –July 1924* [Bajo las pirámides. *Weird Tales* Mayo-Julio 1924]. Weird Tales, EE. UU.

Markowitz, Yvonne; Haynes, Joyce & Freed, Rita. 2002. *Egypt in the Age of the Pyramids* [Egipto en la era de las pirámides]. Museo de Bellas Artes, Boston Expedition,

Boston, EE. UU.

McLaughlin, Iain. 2001. *Doctor Who – The Eye of the Scorpion* [Doctor Who – El ojo del escorpión]. Big Finish, EE: UU.

Movius, Hallam L. 1965. Citado en: Cleator, P. E. 1976. *Archaeology in the Making* [Arqueología en proceso]. St Martin's Press, Nueva York.

Nelson, Sarah Milledge (ed). 2006. Archaeological Perspectives on Gender [Perspectivas arqueológicas sobre género]. En: Nelson, Sarah Milledge (ed). 2006. *Handbook of Gender in Archaeology* [Manual de género en arqueología]. AltaMira Press. EE. UU.

Papanek, John (editor). 1992. *Egypt: Land of the Pharaohs* [Egipto: tierra de los faraones]. Time Life Books, EE. UU.

Plinio (traducido por John Bostock y Henry Thomas Riley). 1857. *The Natural History of Pliny* [La historia natural de Plinio]. H. G. Bohn, Londres.

Pratchett, Terry. 1989. *Pyramids* [Pirómides]. Corgi, Doubleday, Gran Bretaña.

Pratchett, Terry & Simpson, Jacqueline. 2008. *The Folklore of Discworld* [El folclor de *Discworld*]. Corgi, Doubleday, Gan Bretaña.

Reader, Colin. 2002. *Giza Before the Fourth Dynasty* [Guiza antes de la cuarta dinastía]. Journal of the Ancient Chronology Forum #9. pp 5–21. Consultado el 14 de julio de 2013. http://www.thehallofmaat.com/modules.php?name=Articles&file=article&sid=93

Science Dump. 2012. *The Riddle of the Sphinx* [El acertijo de la Esfinge]. Consultado el 28 de junio de 2013. http://www.sciencedump.com/content/riddle-sphinx

Somers, Stephen (director). 1999. *The Mummy* [La Momia]. Universal Pictures, EE. UU.

Sófocles. 1991. *Oedipus Rex* [Edipo Rey]. Dover Thrift Editions, Dover Publications, EE. UU.

Stadelmann, Rainer. 2003. The Great Sphinx of Giza [La gran Esfinge de Guiza]. En: Hawass, Zahi (editor). *Egyptology at the Dawn of the Twenty-First Century: Proceedings of the Eighth International Congress of Egyptologists* [Egiptología en los albores del siglo XXI: Actas del Octavo Congreso Internacional de Egiptólogos]. American University in Cairo Press, El Cairo y Nueva York.

Time Life Books. 1987. *The Age of God-Kings* [La era de los reyes dioses]. Time Life Books Inc, EE: UU.

White, Peter. 1974. *The Past is Human* [El pasado es

humano]. Angus and Robertson. Gran Bretaña.

Wilson, Andrew. 2013. *Oedipus & the Sphinx - The Riddle of the Sphinx. The Classics Pages* [Edipo y la Esfinge – El acertijo de la Esfinge. Las Páginas Clásicas]. Consultado el 28 de junio de 2013. http://www.users.globalnet.co.uk/~loxias/sphinx.htm

Zivie-Coche, Christiane. 2002. *Sphinx: History of a Monument* [La Esfinge: historia de un monument]. Cornell University Press.